◇ 읽다 보면 저절로 알게 되는

◇ 읽다 보면 저절로 알게 되는

신비한 자율·책임 사전

글·그림 양작가

파란정원

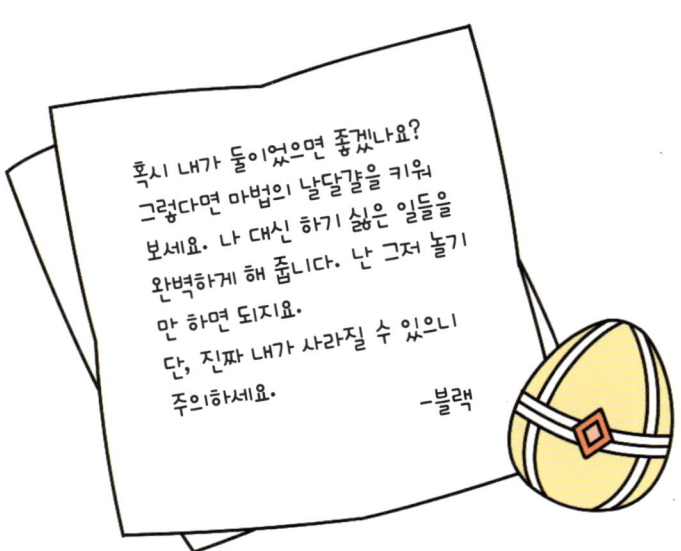

혹시 내가 둘이었으면 좋겠나요?
그렇다면 마법의 날달걀을 키워
보세요. 나 대신 하기 싫은 일들을
완벽하게 해 줍니다. 난 그저 놀기
만 하면 되지요.
단, 진짜 내가 사라질 수 있으니
주의하세요.
                                    -블랙

작가의 말

하고 싶은 일만 하며 지낼 수 있다면 얼마나 편하고 좋을까요?

하지만 우리는 해야만 하는 일과 맡은 역할이 너무나 많아요. 우리는 때때로 해야 할 일부터 끝내야 한다는 생각과 달리 마음이 이끄는 하고 싶은 일부터 할 때가 있어요. 스마트폰, TV 등 재미난 일에 먼저 손이 가거나 친구의 부름에 귀가 솔깃해지는 바람에 자꾸 미루다 결국 발등에 불이 떨어지고 나서야 다급하게 일을 끝마칩니다. 때로는 해야 할 일을 끝마치지 못해 부모님께 혼이 나기도 하지요. 저 또한 그런 일을 셀 수도 없이 겪었답니다.

그래서 《읽다 보면 저절로 알게 되는 신비한 자율·책임 사전》에서는 친구들이 재미있는 이야기와 함께 자율, 책임을 배울 수 있도록 쉽게 풀어 보았습니다. 자율이 무엇이고, 어떻게 하면 책임을 다하는 삶을 살수 있는지 동그래와 친구들을 통해 함께 배워 보아요.

그렇게 마지막 장을 읽을 때쯤이면 저절로 책임을 따라 움직이는 자율적인 어린이에 한 발짝 다가간 자신을 볼 수 있을 거예요.

양작가

등장인물 소개

동고래
똑똑하고 논리적으로
생각하고 행동해요.

동그래
엉뚱한 발상으로
재미있는 일상을
만들어요.

셈
장난기가 많고,
친구들과
잘 어울려요.

다루
항상 여유롭고
긍정적으로
행동해요.

모미
행동은 느리지만,
섬세하고 남을 잘 도와줘요.

차례

episode 1 마법의 날달걀 ·········· 10

episode 2 자유 ·········· 36

episode 3 자율 ·········· 62
한눈에 보는 '자율'

episode 4 계획 ·········· 102
한눈에 보는 '계획'

episode 5 책임 ·········· 134
한눈에 보는 '책임'

episode 6 분신이 사라졌다! ······· 172

한눈에 보는 '자율'

자율이란?

아무 제약 없이 하고 싶은 대로 행동하는 게 자유라면, 정해진 규범과 규칙을 지키며 자신이 원하는 방향으로 행동하는 것이 자율이다.

남의 자유를 침범하면 진짜 자율이라 할 수 없다.

내가 해야 할 일을 남이 대신하느라 그 사람의 자유(시간)를 빼앗는다면 자율이 될 수 없다.

세 가지만 알면 나도 자율적인 어린이!

❶ 이유(얻는 것) : 일을 했을 때 얻는 장점, 하지 않았을 때 받는 불이익
❷ 목표 : 내가 해야 하는 일
❸ 노력(해야 할 일) : 목표를 달성하기 위해 해야 하는 일

왜 이유를 먼저 알아야 할까?

이유를 모르면 남에게 의존하거나 휩쓸리게 되지만, 이유를 알면 스스로 움직일 원동력이 생긴다.

자율이 힘들 땐 도움을 받자.

의존이 아닌 도움을 통해 자율성을 기르고 점차 나답게 개선하면 된다.

자율적으로 행동하면

'상황 대처 능력'이 생겨 어려움을 만났을 때 스스로 헤쳐 나갈 수 있다.
어떤 식으로 풀어 갈지 다양한 방법을 생각하게 되어 '창의력'이 생긴다.
'자기 존중'을 기초로 하기 때문에 자신의 의견을 존중하게 된다.

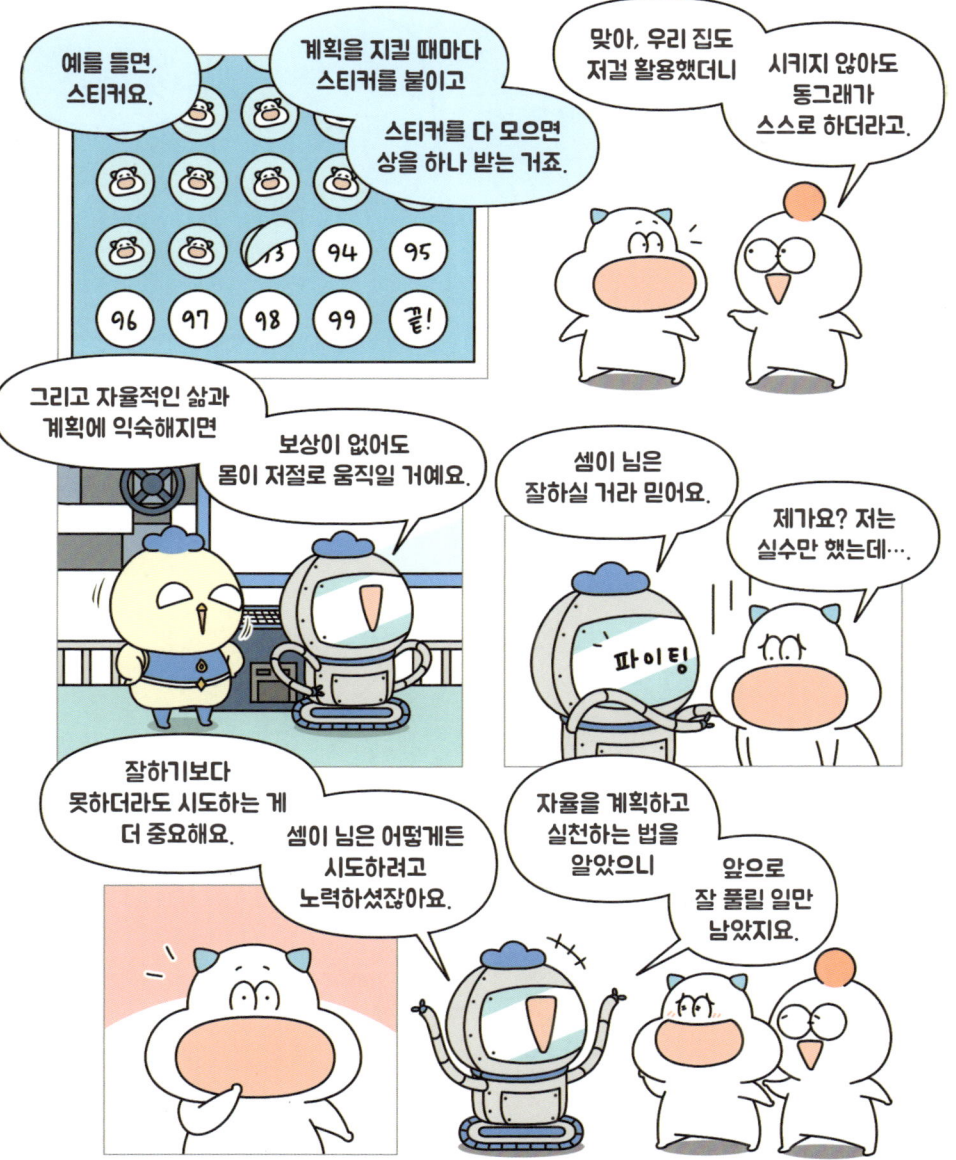

한눈에 보는 '계획'

계획이란?

나와 하는 약속이다.
어떤 일을 어떻게, 얼마나 할지 정리하는 일이다.

계획을 잘 세우는 방법

무엇을 할지 정했다면 구체적이고 현실적인 계획을 세운다.
구체적으로 언제까지, 얼마나 할지 등 시간과 분량을 구체적으로 정한다.
현실적으로 나의 능력에 맞게 실현 가능한지 가늠해 본다.

처음에는 조금 적게!

처음부터 많은 계획을 세우기보다 나의 능력과 상황에 맞게 점차 양을 늘려가는 것이 좋다.

계획을 순서대로 정리한다.

종류별, 시간순으로 정리하여 한눈에 알아볼 수 있게 한다.
자기 전에 계획과 실제 하루를 비교하며 보완할 점을 생각한다.

작은 보상을 준비한다.

칭찬 스티커, 작은 간식 등 보상을 준비하여 잘 실천할 때마다 보상받는다.
자율적인 삶과 계획에 익숙해지면 보상이 없어도 스스로 움직이는 능력이 생긴다.

실천하는 것이 중요하다.

작은 것이라도 계획을 세워 노력하다 보면 성취감을 느껴 더 큰 계획도 이룰 수 있다.

한눈에 보는 '책임'

책임이란?

내가 맡은 일, 결심한 일을 해내는 것을 말하며 책임감은 이런 책임을 다하고자 노력하는 마음이다. 내가 한 행동에 책임을 져야 진정한 자율이라 할 수 있다.

책임을 지지 않으면?

내가 한 일에 대한 책임을 지지 않으면, 나중에 더 큰 책임으로 돌아온다. 또한, 다른 사람에게까지 피해를 준다.

책임을 다하려 노력하면

실수, 혹은 실패한 일을 수습하며 책임을 다하려는 마음 덕분에 '성공'으로 뒤집힌다. 이런 모습에 '신뢰'가 생기고 신뢰가 생기면 내 의견을 맘껏 주장할 수 있다.

어떻게 하면 책임감 있게 행동할 수 있을까?

내가 해야 할 일을 알고, 어떻게 그 일을 해낼 수 있을까 생각해 본다. 즉, 자율과 계획을 알고 실천한다.

책임을 다하기 위해서는

❶ 남에게 책임을 강요하지 않는다.
❷ 힘들 땐 다른 사람을 믿고 도움을 받는다.
❸ 실수 없이 모든 일을 처음부터 잘하는 사람은 없다. 좌절하기보다 계속 시도하자.

책임을 다하기 위한 행동은 모두 옳을까?

아무리 좋은 결과를 위한 행동일지라도 남에게 피해를 주거나 책임질 수 없는 일은 하면 안 된다.

episode 6
분신이 사라졌다!

더 나은 내가 되기 위해 책임지고 노력하는 것도

다 내가 나이기에 할 수 있는 일이야!

우리는 완벽할 수 없어. 하지만 그런 모습마저 인정하고,

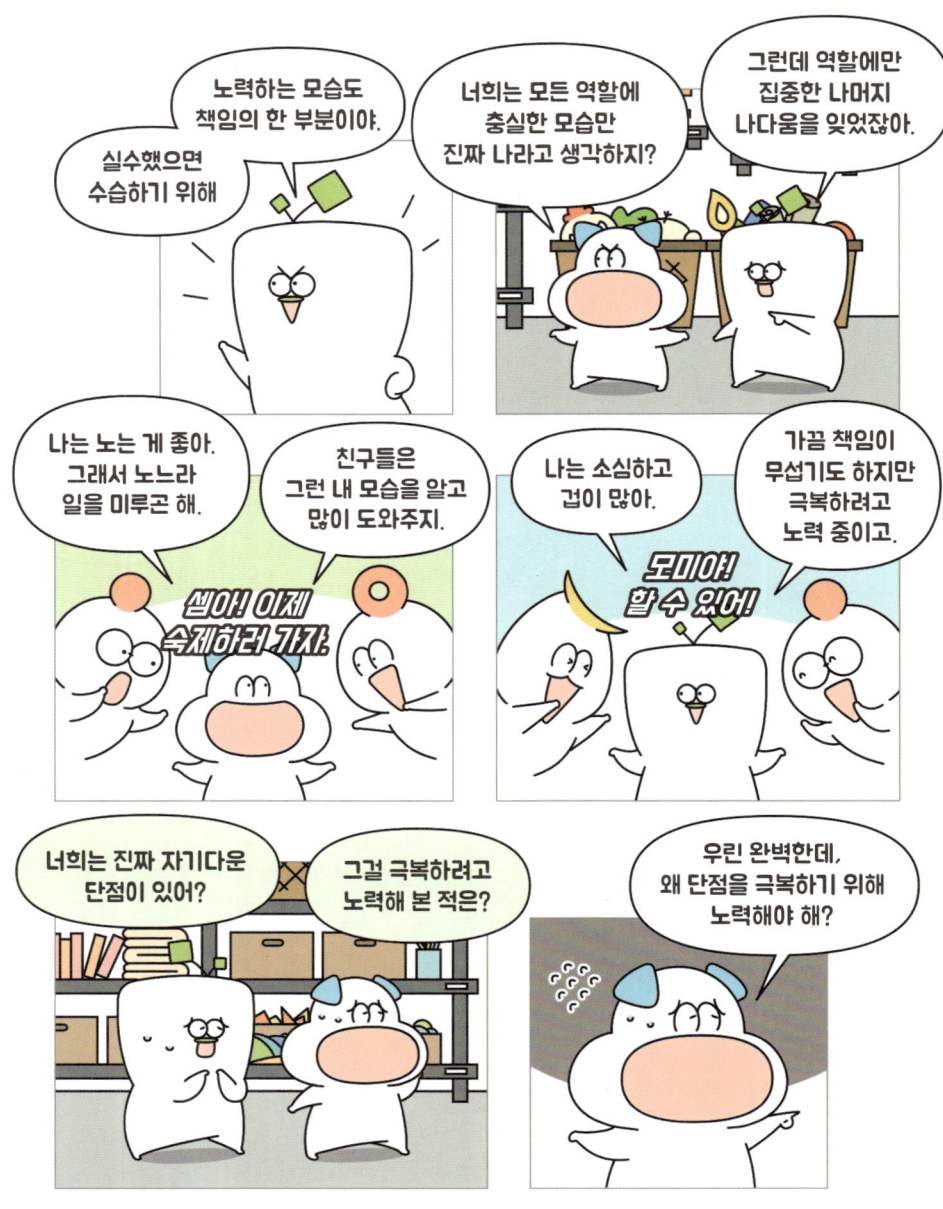

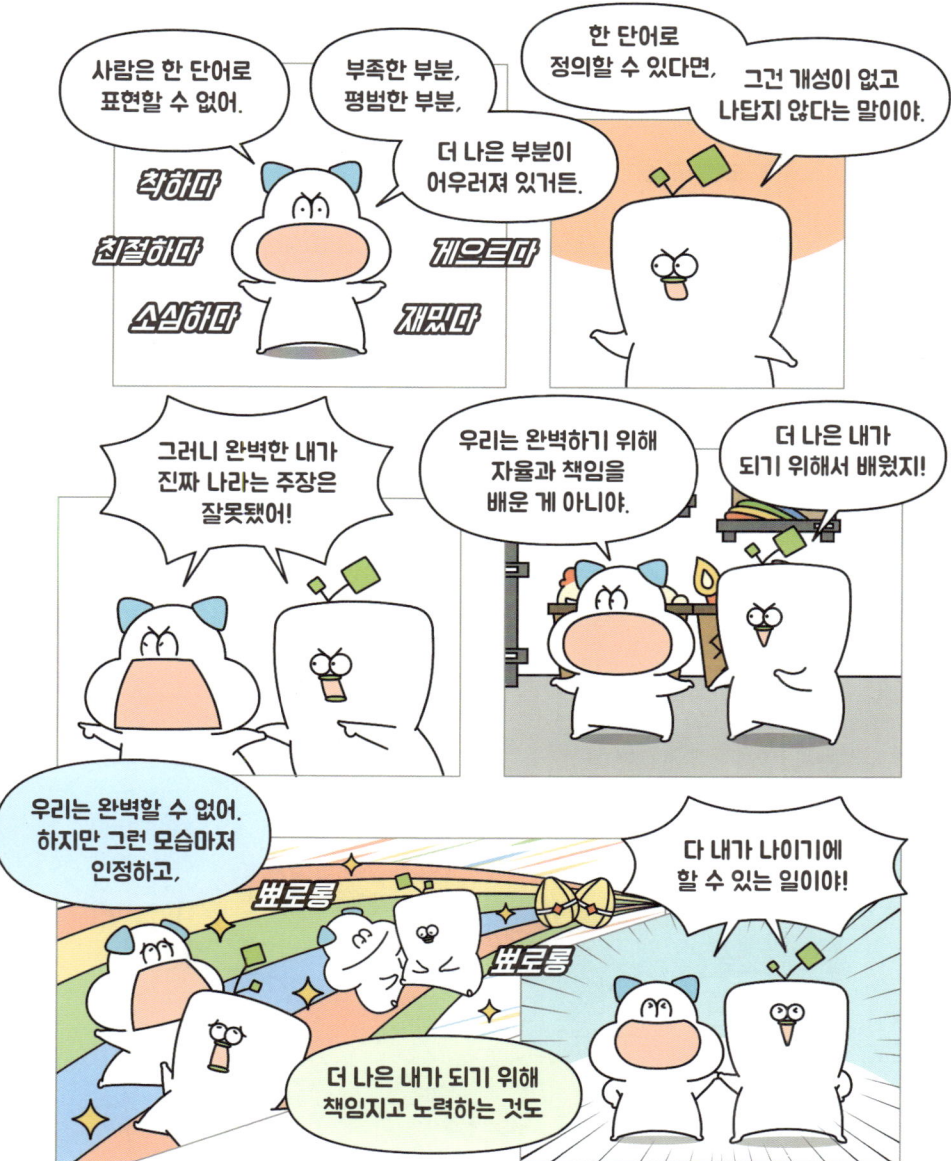

초판 3쇄 2024년 11월 7일
초판 1쇄 2022년 8월 25일

글·그림 양작가

펴낸이 정태선
펴낸곳 파란정원(자매사 책먹는아이)
출판등록 제395-2010-000070호
주소 서울특별시 은평구 가좌로 175, 5층
전화 02-6925-1628 | 팩스 02-723-1629
제조국 대한민국 | 사용연령 8세 이상 어린이
홈페이지 www.bluegarden.kr | 전자우편 eatingbooks@naver.com
종이 다올페이퍼 | 인쇄 조일문화인쇄사 | 제본 경문제책사

글·그림ⓒ양작가 2022
ISBN 979-11-5868-245-3 73300

이 책은 저작권법에 따라 보호받는 저작물이므로 무단 전재와 무단 복제를 금지하며,
이 책 내용의 전부 또는 일부를 이용하려면 반드시 저작권자와 파란정원(자매사 책먹는아이)의 동의를 얻어야 합니다.
*잘못된 책은 구입하신 서점에서 바꿔 드립니다.

읽으면서 바로 써먹는 어린이 시리즈

고군분투하던 초등 어휘력
읽으면서 바로 써먹는 어린이 시리즈로
재미있고 알차게 키우자!!

한날 외 글·그림 | 초등 전학년

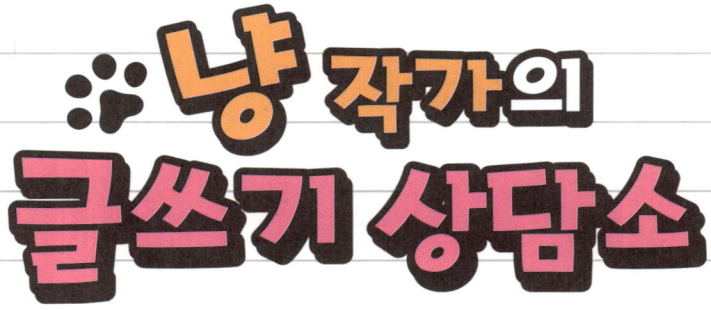

냥 작가의 글쓰기 상담소

**우연히 벼락을 맞아 글쓰기 능력을 갖게 된
길냥이 냥 작가에게 배우는 신통방통한 글쓰기 비법!
글쓰기 고민,
냥 작가가 해결해 드립니다!**

즐비 글 | 류수형·김준식 그림 | 초등 전학년